Confinado no front

Guga Chacra

Confinado no front

Notas sobre a nova
geopolítica mundial

todavia

Anticorpo positivo 7
A negação 11
O choro 19
China 23
Itália 27
Estados Unidos 33
Brasil 39
China versus Estados Unidos 43
O destino dos europeus 49
Beirute explode no meio da pandemia 53
Um pária pandêmico 57
Nova York 59
O mergulho 63

Anticorpo positivo

Sou jornalista em grande parte para cobrir os maiores acontecimentos geopolíticos internacionais. Na minha carreira, já cobri eventos como a primeira Guerra de Gaza (2009), a queda de um presidente em Honduras (2009), o terremoto no Haiti (2010), a crise econômica argentina (2000-2001) e as eleições dos Estados Unidos de 2012, 2016 e agora em 2020. Entrevistei Bashar al-Assad (2010), o atual presidente do Líbano Michel Aoun e o então premiê Rafik Hariri. Estive a trabalho em lugares como Líbano, Síria, Jordânia, Egito, Israel, Palestina, Iêmen, Omã, Emirados Árabes.

Quando um jornalista está fazendo reportagens em uma zona de conflito ou em um lugar onde ocorreu uma tragédia natural, no fundo ele sabe haver a possibilidade, mesmo nas situações mais remotas, de abandonar tudo e ir para uma região segura. Por exemplo, quando estive em Damasco em 2011, sabia que poderia a qualquer momento entrar em um táxi e em cerca de trinta minutos estaria na fronteira com o Líbano — naquela época, em uma situação incomparavelmente melhor do que a atual depois da explosão de agosto. Uma vez em Beirute, poderia pegar um voo para Paris, Londres, Istambul ou Frankfurt.

Poucos meses antes do agravamento da pandemia, embora ela provavelmente já estivesse circulando em Nova York, comentamos no programa *Em Pauta*, onde sou um dos comentaristas, sobre um pai com uma filha pequena na Síria, que ficava tentando distraí-la com uma brincadeira sobre ser "avião ou bomba" o barulho que ouviam. Semanas depois, ainda que numa dimensão incomparavelmente menos perigosa, éramos nós tentando distrair nossos filhos impedidos de ir para a escola para não serem infectados por um vírus e precisando passar semanas reclusos dentro de casa.

Após uma semana no Haiti nos dias que se seguiram ao terremoto, peguei uma carona com a equipe da RBS-TV para ir de Porto Príncipe para a República Dominicana. Menos de uma hora após deixar a devastada capital haitiana, cruzamos a fronteira para o território dominicano. Imediatamente, o motorista ligou para a filha e começou a relatar o inferno que estava o Haiti. Ficamos com lágrimas nos olhos, com todas aquelas imagens voltando para a nossa cabeça. Paramos em uma cidade pequena e fomos tomar um refrigerante. Era uma normalidade absurda para quem havia visto tantos corpos e destruição nos dias anteriores. Mais algumas horas de viagem e eu estava no aeroporto de Santo Domingo, embarcando para Nova York. Um dia depois de presenciar a tragédia haitiana, eu estava no Central Park.

Na pandemia, essa sensação de haver um lugar de estabilidade para onde possamos escapar inexiste. Podemos ser contaminados pelo vírus em Nova York, São Paulo, Beirute ou Berlim. Claro que há cidades e países mais arriscados para se estar do que outros. Estaria mais seguro em Auckland, na Nova Zelândia, ou em Seul, na Coreia do Sul, do que na Cidade do México ou em Manaus. Ainda assim, não existe segurança garantida em nenhum lugar. Ainda mais grave, todas as pessoas de quem gostamos também estão ameaçadas. Isso gera uma preocupação intensa e aflitiva o tempo todo, sem descanso. Para completar, como jornalistas, estamos passando pela mesma experiência que todas as pessoas e enfrentamos as mesmas restrições. Ao fazer uma reportagem no Iêmen, eu buscava explicar aquele país e seus conflitos para um público que jamais teria a oportunidade de ir para aquela nação. Leria meu texto em sua casa, no Rio de Janeiro ou em Campinas. Na Covid-19, no entanto, preciso relatar a mais importante história da nossa geração para pessoas que estão na prática na mesma situação que eu. Além disso, diante dos protocolos de isolamento, tampouco podia sair pelas ruas e ir a hospitais para contar o drama das vítimas. Poderia ser infectado ou infectar alguém.

A cobertura da pandemia foi, sem dúvida, o maior desafio para nós, jornalistas. No meu caso, tentei ao máximo me colocar como mais um nesta catástrofe que afeta a humanidade. Não sou infectologista, mas busquei me informar o mais possível para poder entrevistar os especialistas e, quando necessário, explicar para a audiência que me assistia na TV. Meu papel mais importante, no entanto, foi o de mostrar os impactos do coronavírus para a geopolítica mundial.

De todos os efeitos geopolíticos, o mais importante serão as eleições nos Estados Unidos. Afinal, a pandemia certamente impactou nas chances de Donald Trump ser reeleito. Caso o presidente perca as eleições, podem ter certeza de que terá sido em grande parte consequência da Covid-19, que ele contraiu nos primeiros dias de outubro. Antes do novo coronavírus, o líder americano possuía uma excelente narrativa do cenário econômico positivo. Agora, carrega uma economia na sua maior crise desde a grande depressão, para não falar nas dezenas de milhares de mortes.

Ainda que Trump vença, houve uma grande deterioração da imagem internacional dos Estados Unidos. Não imaginávamos que a maior economia da história da humanidade, com suas poderosas Forças Armadas, suas empresas como Google e Apple, universidades como MIT e Stanford, cidades como Nova York e São Francisco, fosse menos capaz de enfrentar uma pandemia do que países incomparavelmente mais pobres.

A imagem que ficará para mim será a do navio-hospital chegando a Manhattan, do hospital de campanha no Central Park e dos corpos em caminhões frigoríficos. Além, claro, dos sons das ambulâncias. Foram meses em casa com minha mulher, meus dois filhos e meu cachorro, assim como você, leitor, também ficou. Fiz o possível para não ser infectado.

Em março, tive até uma tosse. Que não passava. Mas não incomodava. Era quando o vírus estava em circulação máxima em Nova York. Não era possível fazer teste de Covid-19 sem estar em estado grave e eu tampouco queria me arriscar. A tosse acabou passando em algum momento de abril. Em julho, fiz o teste de anticorpos. Deu positivo. Talvez eu tenha sido infectado pelo coronavírus. Não sei. Existe sempre a chance de ter sido falso positivo. Mas fico pensando que eu poderia ter sido afetado por uma versão mais grave da doença justamente quando os hospitais estavam lotados na cidade. Teria sido mais uma das vítimas da incompetência de autoridades que não agiram a tempo para conter esta pandemia e evitar centenas de milhares de mortes.

A negação

A primeira vez que ouvi falar sobre um novo vírus que surgia na China foi em uma reportagem no site da BBC no último dia de 2019. Eu retornava a Nova York para o plantão de fim de ano na Globonews, após passar o Natal no Brasil. No passado recente, havia lido uma série de reportagens e também assistido a documentários sobre o risco iminente de uma pandemia. Sempre temi essa possibilidade: uma doença infecciosa que pudesse provocar milhões de mortes ao redor do planeta. O tema havia sido diversas vezes pauta de extensas reportagens em revistas como a *The Atlantic* e *The New Yorker*, além de tópico de artigos da prestigiosa revista *Foreign Affairs*. O filme *Contágio* (2011) criava uma ficção sobre uma possível pandemia de proporções catastróficas. Bill Gates alertava para essa possibilidade em palestras.

Achava, no entanto, que nunca seria agora, no presente. Não via essa ameaça como algo imediato. É como saber que, em algum momento, perderemos um ente querido em alguma tragédia ou mesmo pela idade. Mas há uma segurança inconsciente de que não será hoje, nem amanhã, nem no mês que vem e tampouco neste ano. O mesmo ocorria com a pandemia, na minha visão. Seria em um futuro distópico, assim como as consequências do aquecimento global. Não fiquei alarmado. Somos psicologicamente treinados para sofrer mais o impacto de crises imediatas e agudas do que de ameaças genéricas. Isso afeta tanto as nossas escolhas individuais como também a de governos.

Não era apenas a ausência de preocupação emergencial. No fundo, muitos de nós imaginávamos que todas as pandemias poderiam ter um fim similar ao da Sars, que acabou sendo controlada e desapareceu, ou da gripe suína, responsável por um número de mortos inferior às previsões mais otimistas. Mesmo a Zika, transmitida por meio da picada de um mosquito, seguiu restrita a apenas algumas partes do Brasil e de poucos países. O mundo, na nossa cabeça, havia avançado muito desde a gripe espanhola, mais de cem anos atrás. Um cenário como o da peste negra jamais seria cogitado em nossos dias. Infelizmente, muitas pessoas — incluindo autoridades — pensaram da mesma forma. Esse comportamento foi fatal. No mundo inteiro. Erramos tanto ao não prever o risco imediato como também ao achar que todas as epidemias teriam o mesmo destino de outras recentes.

A possibilidade de uma pandemia se perdia em meio a uma série de outros acontecimentos que dominavam as manchetes, as redes sociais e as preocupações dos governos. Era apenas mais um tópico entre vários outros encarados como mais relevantes. Três dias depois do início de 2020, Qassem Suleimani, comandante das Guardas Revolucionárias do Irã, foi morto em um ataque americano no Iraque. As atenções da opinião pública se concentraram no risco de um conflito no Oriente Médio que envolvesse americanos e iranianos. Naquela primeira quinzena de janeiro, por incrível que pareça, o regime de Teerã, e não a China, ainda parecia o grande adversário americano. A resposta iraniana foi calculada para evitar uma escalada que prometia ser devastadora. Fiquei semanas comentando sobre um possível conflito, que hoje parece esquecido diante de problemas muito maiores com a pandemia. Eu me recordo de responder a perguntas sobre qual poderia ser o impacto desta crise no Oriente Médio nas eleições americanas. A resposta, meses após o episódio, é nenhuma. Já o novo coronavírus, que começava a ganhar força na China, será determinante.

Outros voltaram seus olhos para Washington, onde o presidente Donald Trump era julgado em um processo de *impeachment* por ter usado seu poder presidencial para pressionar a Ucrânia a investigar seu rival político, Joe Biden, e seu filho. Pensem em quantas linhas de jornais, livros, tempo de TV e tweets foram publicados sobre esta tentativa de remoção do presidente americano. Não estou dizendo que a ação do Partido Democrata fosse ilegítima. Pelo contrário. O líder americano realmente cometeu um ato que poderia e, na minha visão, deveria levar ao seu afastamento. Minha questão é sobre como as autoridades, na Presidência e no Congresso, deixaram de avistar um cenário incomparavelmente pior. A queda de um presidente é algo traumático na narrativa de qualquer país. Os Estados Unidos experimentaram isso com Richard Nixon, que renunciou antes de um inevitável afastamento, e nós brasileiros observamos o mesmo com Fernando Collor de Melo e Dilma Rousseff. Mas ambos os países seguiram em frente, governados pelos vice-presidentes. Foram crises políticas graves, mas que não resultaram em dezenas de milhares de mortos como a pandemia.

Ao mesmo tempo que Trump era julgado em Washington, o ex-vice-presidente Joe Biden se preparava para as primárias do Partido Democrata em Iowa e New Hampshire. Novos nomes despontavam como possíveis candidatos para disputar a Casa Branca. Ainda em fevereiro, a situação mais provável era Bernie Sanders enfrentar Trump nas eleições presidenciais em novembro em um cenário econômico positivo para os Estados Unidos. O atual presidente americano era favorito nas eleições. Esse é mais um exemplo da cegueira de todos nós diante dos acontecimentos já em andamento na China e outras partes da Ásia.

O ano de 2020 também rumava para ser marcado pelo Brexit. Difícil imaginar que algo pudesse superar na Europa a oficialização da saída do Reino Unido da União Europeia. Seria o maior acontecimento no bloco ao menos desde a adoção do Euro (2002), embora os britânicos não fizessem parte da moeda comum. Todos esses meses seriam dedicados à tentativa de um acordo entre Londres e Bruxelas. Obviamente, as centenas de milhares de mortes no continente ofuscaram o tema que dominou o cenário britânico e europeu nos últimos quatro anos.

A guerra comercial entre Estados Unidos e China prosseguia. As disputas, no entanto, ainda se concentravam no campo econômico. Poucos imaginavam um agravamento nas relações entre as duas nações, que no começo do ano até esboçaram um acordo. Outras crises internacionais, como a Guerra da Síria e novos episódios nas disputas entre israelenses e palestinos, ocupavam mais espaço do que a Covid-19. O risco de epidemia causada por um novo vírus seguia em segundo plano na agitada geopolítica da agenda internacional. Algo que seria restrito à China ou até mesmo a Wuhan, cidade da qual muitos nunca tinham ouvido falar. Tomei um susto ao descobrir, em janeiro, que havia voos diários dessa cidade para Nova York. As autoridades dos Estados Unidos e de outros países não levavam a sério o problema. Tampouco havia informações precisas sobre o que acontecia. A Organização Mundial de Saúde (OMS) ainda não tratava a proliferação do vírus como algo emergencial.

A vida seguia ao redor do mundo, apesar da situação na China. As primárias eram realizadas nos Estados Unidos, jogos de futebol seguiam disputados com arquibancadas lotadas em todas as ligas europeias, brasileiros pulavam o carnaval em blocos em São Paulo, trios-elétricos animavam os foliões em Salvador e dezenas de milhares desfilavam nas escolas de samba na Marquês de Sapucaí, no Rio. Navios partiam para cruzeiros no Caribe, no Mediterrâneo e no Pacífico. Milhares de pessoas tiravam férias para esquiar no Colorado ou nas estações de esqui da Suíça. Festas de aniversários reuniam dezenas de pessoas e casamentos, centenas. Bares seguiam lotados. Congressos de medicina ainda eram organizados. Grandes eventos, planejados. Todos pareciam anestesiados diante da obviedade de uma pandemia que se aproximava, galopante. Muitos ainda marcavam viagens, compravam passagens e reservavam hotéis do outro lado do oceano. Ainda vivíamos naquele mundo de facilidade para pegar um avião e cruzar metade do mundo em cerca de dez horas, enquanto assistíamos a filmes nas telinhas de nossas poltronas.

Ignorávamos que os Estados Unidos tinham casos registrados desde o final de janeiro. Não ligávamos que epidemiologistas alertassem para a possibilidade de o vírus se expandir por todo o globo se medidas imediatas não fossem tomadas. Ainda quebro a cabeça para entender por que estávamos tão apáticos (ou indiferentes) diante da obviedade que era a chegada do vírus. Alguns obscurantistas em Nova York evitavam o bairro de Chinatown, como se o vírus fosse restrito a chineses e como se grande parte da população não circulasse por metrôs e lugares apinhados de gente.

Aqui nos Estados Unidos, a única decisão tomada inicialmente por Trump foi suspender voos vindos da China — decisão que não impediu a chegada do vírus através da Europa e mesmo do território chinês por meio de pessoas que faziam escalas em outros países. Uma medida possivelmente acertada, mas insuficiente diante de um quadro a cada dia mais grave e preocupante. Era óbvio que o coronavírus chegaria de uma forma ou de outra ao país, sendo necessário agir com assertividade e rapidamente.

Mas ainda achávamos que este seria um problema chinês. Governos, incluindo o do Brasil, tiraram seus cidadãos que estavam em Wuhan e levaram para seus países com a falsa noção de estarem a salvo. A perspectiva era de que a doença ficaria praticamente confinada a esta cidade. Um autoengano em escala global. Lembro bem da imagem de diplomatas do Brasil na China realizando uma operação digna de filme para resgatar os estudantes brasileiros. A imagem das ruas vazias em Wuhan, o temor de um ato que pudesse resultar na infecção. Sejamos honestos — quem naquele momento preveria que meses depois Nova York, São Paulo e Rio de Janeiro tivessem um número incomparavelmente superior de mortos? Quais daqueles estudantes imaginariam que já no mês de abril estariam mais seguros em Wuhan do que em qualquer capital brasileira?

Insisto que vivíamos infectados pela noção de que uma pandemia poderia ocorrer, mas que não seria *em nosso tempo*. E se ocorresse, acabaria sob controle como a Sars ou não provocaria tantas mortes, da mesma forma como a gripe suína acabou tendo um número de vítimas inferior ao previsto inicialmente. A prova mais óbvia dessa ignorância podia ser observada nos recordes de alta dos índices Dow Jones e S&P da Bolsa de Valores de Nova York. A taxa de desemprego americana, abaixo de 4%, atingia o menor patamar em cinco décadas. O bom desempenho econômico dos Estados Unidos seria a principal cartada para Trump na tentativa de se reeleger em novembro. Isto é, com a epidemia se alastrando pelo mundo, avaliávamos tanto na economia como na política que pouco se alteraria ao longo do restante do ano, com todos os fatores se cancelando para produzir estabilidade nos meses seguintes.

No início de fevereiro, o novo coronavírus continuava secundário na agenda internacional. As únicas mudanças reais foram os registros de casos isolados pelo mundo e, acima de tudo, no navio *Diamond Princess*, colocado em quarentena no Japão com seus 3600 passageiros a bordo após alguns testarem positivo para o vírus. Apenas no dia 11 de fevereiro a doença recebeu um nome — Covid-19, de Coronavirus Disease 2019. Fevereiro foi praticamente desperdiçado por nações ao redor do planeta para evitar uma epidemia. Mas ainda dava tempo de evitar uma catástrofe.

Se em janeiro a falta de transparência da China poderia servir de justificativa para governos não agirem contra o novo coronavírus, em fevereiro não havia mais desculpa: a maioria dos países perdeu a chance de conter o avanço das contaminações. Com raríssimas exceções, não vimos pedidos para o cancelamento do carnaval por questões sanitárias — não sabemos se os desfiles e blocos carnavalescos contribuíram para a transmissão, mas essa teria sido a medida preventiva correta.

O mundo acordou somente quando brasileiros ainda lotavam as ruas para o carnaval. No dia 23 de fevereiro, o número de casos disparou de cinco para mais de 150 no Norte da Itália — algo insignificante hoje, mas gigantesco meses atrás. A epidemia desembarcava com força na Europa. No dia seguinte, segunda-feira de Carnaval no Brasil, as Bolsas despencaram pelo mundo. O que parecia um problema chinês se tornava aos poucos um agitado drama global. A doença estava mais próxima de todos. Quase simultaneamente com a Itália, foi registrado um surto no Irã. O Brasil teve o primeiro caso registrado no dia 26 de fevereiro, logo após o fim do carnaval. Era uma pessoa de São Paulo que havia retornado de viagem à Europa. Depois, veio o surto em um casamento de grã-finos em Trancoso, na Bahia.

Líderes mundiais, como Trump, Boris Johnson e Jair Bolsonaro, insistiam que a nova doença não era grave e a comparavam a uma mera gripe. Mesmo na Itália, o prefeito de Milão dizia para as pessoas continuarem nas ruas e aos turistas para visitarem a cidade. Pessoas que eu respeito (ou respeitava) afirmavam que seria um "bom momento" para visitar as cidades italianas porque os preços estariam mais baixos e haveria menos turistas. Uma ignorância tremenda. Não sei o que se passava na cabeça dessas pessoas. Alguns ainda relutavam em cancelar viagens do Brasil ou dos Estados Unidos para a Itália naquele momento. Vi um comentarista criticando o cancelamento do torneio de tênis de Indian Wells, na Califórnia. Não havia racionalidade. Como poderiam supor que seria possível controlar o vírus?

Um isolamento como o de Wuhan parecia algo impensável no Ocidente, embora cientistas alertassem que essas medidas seriam inevitáveis nas semanas seguintes. Diziam que democracias não aceitariam impor essas restrições, ainda que fossem as únicas alternativas para salvar milhões de vidas.

O choro

Pessoalmente, alterei a minha visão sobre o risco de a Covid-19 chegar forte a Nova York somente quando vi o crescimento exponencial dos casos na Itália. Todos os dias, ao redor do meio-dia, eu começava a consultar a imprensa italiana para o número de mortes e de novos casos. No início de março, parei de ir para a redação da TV Globo aqui em Nova York de metrô. Moro no Upper West Side, distante do escritório, que fica em Tribeca, bem ao sul da ilha de Manhattan. Para ter uma ideia, minha casa se localiza na rua 71. Tribeca fica em uma região onde as ruas não são mais numeradas pelo grid inventado pelos visionários urbanistas da cidade em 1811. São cerca de noventa quadras de distância. Caminhava uma hora e quarenta minutos para ir e mais uma hora e quarenta minutos para voltar. No caminho, tentava prender a respiração quando cruzava com alguém nas ruas. A imensa maioria das pessoas em Nova York, no entanto, ainda usava o transporte público para se locomover. Ninguém usava máscara. A repórter Candice Carvalho, da Globonews, fez uma excelente reportagem mostrando os metrôs lotados. Dezenas de milhares certamente estavam se infectando nos vagões, usados por milhões de pessoas todos os dias. Naquele momento, o número de mortos nos países europeus ainda estava na casa das dezenas e os 3 mil mortos na China eram vistos como o pior cenário possível.

    A sensação (e desculpe insistir no uso desta palavra) mudou naquela primeira quinzena de março. Sentíamos que a epidemia chegaria inapelavelmente aos Estados Unidos. Finalmente despertamos aqui em Nova York. Amigos com quem eu conversava em São Paulo me chamavam de alarmista. Quando disse que seria impossível um amigo meu organizar uma festa de casamento em abril, me criticaram dizendo que eu era um pessimista, que torcia pelo pior. Mesmo aqui em Nova York as aulas não tinham sido canceladas. As autoridades seguiram lerdas para conter a doença. Essa morosidade foi fatal. No dia 12 de março, uma quinta-feira, eu e minha mulher decidimos não enviar mais nossos filhos Julia e Antonio, de quatro e dois anos, para a escola. Creio que deveríamos ter tomado essa medida pelo menos duas semanas antes. No dia seguinte, jantamos fora. Achei um erro, mas fomos. Seria nossa última ida a um restaurante nos próximos meses.

Ainda seguia minha maratona diária até o escritório da Globo. Naquele domingo, 15 de março, fui participar do *Manhattan Connection*. Cresci assistindo ao programa, nos anos 1990, quando a formação ainda incluía Paulo Francis e Nelson Motta. Sonhava um dia integrar esse time. Ao longo dos oito anos em que atuo como comentarista de internacional da Globonews, participei algumas vezes. Desenvolvi amizade com o Caio Blinder e também fiquei próximo do Lucas Mendes, do Pedro Andrade e da Angélica Vieira. Com a pandemia, fui incluído no programa de forma temporária.

Por essa época, a Itália batia recorde de mortos. Eram 368. Nem sequer cogitávamos que no futuro próximo esses números seriam pequenos se comparados ao que ocorria em Nova York e no Brasil. Diogo Mainardi, outro integrante do programa, contou da vida na quarentena em Veneza, onde vive. Seria inevitável, na minha cabeça, que o mesmo ocorresse nos Estados Unidos. Estava claro que restaurantes, escolas, academias e lojas seriam fechados. A cidade havia perdido todo o mês de fevereiro e parte de março para tentar conter o avanço da Covid-19. Milhares de pessoas estavam sendo infectadas diariamente em seus ambientes de trabalho, nos metrôs e em suas salas de aula.

A Nova York que eu vivia iria desaparecer por tempo indeterminado. Era praticamente a morte da cidade onde vivo há quinze anos, onde fiz meu mestrado, onde construí minha carreira, onde me casei e onde nasceram minha filha e meu filho. E, claro, havia o temor de ser um dos contaminados e desenvolver um caso grave da doença. Para completar, sabia-se que milhares de pessoas morreriam nas semanas seguintes. Fiquei conversando com o Caio, que também estava bastante apreensivo. Nenhum de nós, em anos de jornalismo internacional, havia presenciado algo parecido. Não aguentei e acabei chorando no ar. Era a expressão aguda da noção de fim de um mundo. Nada mais seria igual. E quase tudo seria pior do que antes. Naquele dia, alguns acharam que fosse pessimismo. Talvez. Mas creio que tenha sido realismo.

China

O novo coronavírus surgiu na China a partir de um morcego e, talvez por meio de um intermediário, atingiu seres humanos. Segundo cientistas, é um vírus encontrado em ambiente natural. Não foi fabricado em laboratório, como insistem os seguidores de teorias da conspiração. Teria, de acordo com autoridades chinesas, infectado inicialmente uma pessoa em um mercado de animais vivos em Wuhan, na China.

Nos Estados Unidos, contudo, meses após a eclosão da epidemia, autoridades do governo de Donald Trump não descartavam a possibilidade de o vírus ter sido levado para a comunidade após um acidente em um laboratório onde se estuda o próprio coronavírus. Este laboratório de fato existe. Mas não há nenhuma evidência de que isso tenha ocorrido, e serviços de inteligência americanos dizem não ter como confirmar. Mesmo que tenha sido, não se sabe se a China mantém essa informação em segredo ou se também a considera um mistério. O certo é que este coronavírus veio de um morcego e deve ter passado para um humano por meio de outro animal. Não foi fabricado em laboratório.

Documentários, reportagens e mesmo filmes sempre cogitavam a possibilidade de uma pandemia surgir na China. A memória da Sars era ainda muito forte. Mas, como escrevi antes, justamente por ter havido a Sars, havia uma ideia equivocada de que mais uma vez o problema seria restrito à Ásia e não se espalharia para o restante do mundo, provocando um otimismo irracional em autoridades políticas e econômicas nos Estados Unidos e na Europa.

Ao longo do mês de dezembro, estranhos casos de pneumonia começaram a aparecer em Wuhan. Não dava para saber com precisão o que ocorria na cidade. A China insistia apenas que se tratava de pneumonia cuja causa era desconhecida. Especularam que pudesse ser um novo surto da Sars. Estes foram relatados para a Organização Mundial da Saúde na virada do ano. No dia 31 de dezembro, ao menos oficialmente, pouco se sabia sobre as causas da doença. Tampouco havia conhecimento de como foram infectadas. Cada dia ou mesmo cada hora era fundamental para tentar conter o avanço da doença. O mercado de animais na cidade foi fechado no dia 1º de janeiro. Difícil dizer se teria sido possível fechar o local antes.

Demorou mais sete dias para o regime de Pequim dizer que essa pneumonia era causada por um vírus. Mas sem afirmar que ele passava de humano para humano. A China não foi nada transparente no início. Calou um médico que advertia sobre os enormes riscos da nova doença ainda sem nome. Não compartilhou dados importantes com a Organização Mundial da Saúde que poderiam ter sido usados por outros países para tentar evitar (ou ao menos refrear) a chegada da epidemia. Era um momento decisivo. A postura chinesa se deveu acima de tudo a um regime ditatorial que, normalmente, evita assumir erros. O agravamento do cenário estava óbvio para quem quisesse enxergar.

Wuhan não é uma cidade chinesa conhecida internacionalmente como Xangai, Pequim ou mesmo Guangzhou. Essa metrópole de mais de 11 milhões de habitantes, porém, tem enorme importância para a China, como um centro industrial, científico e também de transportes. Descrita muitas vezes como o "centro da China central", a capital da Província de Hubei se localiza às margens do rio Yangtze.

Para alguém em Nova York, Londres e São Paulo, era um lugar distante. Mas não para quem estava em Hong Kong, Singapura e Taiwan. Já na primeira semana de janeiro, as autoridades desses lugares adotavam medidas para impedir o alastramento da doença para seus territórios. A experiência desses países com a Sars foi diferente da Europa e dos Estados Unidos. Sabiam do risco de uma epidemia de um novo vírus. Isolaram rapidamente possíveis contaminados. Iniciaram rastreamento de contato e os habitantes adotaram o uso de máscaras. A primeira morte confirmada na China ocorreria no dia 11 de janeiro. Parte do mundo seguia observando apenas com curiosidade a nova doença, sem alarme.

As autoridades chinesas naquele início da proliferação do vírus pareciam estar preocupadas tanto com o alastramento como também em censurar as informações. O episódio marcante desse inadmissível comportamento chinês ficou representado pela heroica tentativa do oftalmologista Li Wenliang, que alertou colegas sobre casos de pacientes com sintomas similares à Sars. O médico foi calado pelo regime chinês. Semanas depois, morreria de Covid-19, sendo celebrado como herói pela população chinesa.

Ainda na primeira quinzena de janeiro, ficou claro para a China que era necessário agir de forma radical para evitar que a epidemia atingisse todo o país. No dia 7, já havia sido identificado o novo coronavírus como o responsável pela doença. Quase todos os casos estavam concentrados em Wuhan. Era preciso conter o movimento das pessoas e também isolar a cidade do restante do país. Não seria tarefa simples: Wuhan é um gigantesco hub de transportes, localizada geograficamente no centro de um triângulo entre Hong Kong, Xangai e Pequim. As pessoas foram impedidas de sair de suas casas. Os infectados, isolados. Hospitais de campanha foram erguidos em poucos dias. Toda a região foi isolada do resto da China. Mesmo diante das cenas em Wuhan, não havia alarmismo na Europa, Estados Unidos e Brasil, entre outras nações.

Era a primeira onda da doença se levarmos em conta os picos globais. Começou pela China e em alguns lugares da Ásia.

Passou para a Europa e Estados Unidos. E depois chegou ao mundo emergente, a nações como o Brasil. Fevereiro terminava e março começava. A expansão da pandemia era inevitável para outras partes do mundo. O que víamos em Wuhan seria replicado em escala muito maior no norte da Itália. Dias depois, em toda a Itália. Uma democracia ocidental em isolamento total não era algo de ficção científica. Mas os italianos não tinham alternativa. E, como vimos, tampouco o restante do planeta.

Itália

Para evitar o avanço de uma pandemia, nações precisam ter uma preparação de longo e de curto prazo. Segundo um artigo na *Foreign Affairs*, seria algo como um furacão ou um terremoto. Regiões como a Flórida, que costumam ser atingidas por furacões, e como o Japão, epicentro de muitos terremotos, investem em construções mais resistentes. Um edifício moderno em Miami é mais resistente a ventos do que um no Rio de Janeiro, onde não há furacões. O mesmo vale para os prédios de Tóquio quando comparados aos de São Paulo se o propósito for evitar estragos em tremores de terra, já que a capital paulista não se localiza sobre uma falha tectônica.

Em segundo lugar, há os planejamentos de curto prazo, especialmente para furacões. Quando uma tempestade tropical ganha força no Caribe e se transforma em um furacão de categoria 3, por exemplo, as autoridades tomam medidas rápidas, como a evacuação de pessoas de áreas costeiras e o reforço em construções, como a colocação de madeiras nas janelas.

Um terremoto com o mesmo grau na escala Richter causa incomparavelmente mais destruição e mortes no Haiti do que no Japão porque os governos japoneses, ao longo de décadas, se prepararam meticulosamente para esses momentos. Os haitianos, não. Claro que, mesmo assim, em alguns casos o colapso é inevitável, como quando ocorreu um terremoto de 9 graus na escala Richter e um tsunami no norte japonês em 2011. Imagine, no entanto, o estrago infinitamente maior de um tremor dessa dimensão em Porto Príncipe?

Falhas na preparação de longo e curto prazo podem provocar o caos em desastres naturais, como foi observado no furacão Katrina, em Nova Orleans, em 2005. Uma série de medidas que deveriam ter sido implementadas ao longo dos anos, assim como outras nos dias que antecederam a chegada do furacão, poderiam ter garantido a segurança de milhares de vidas e evitado uma destruição dessa cidade histórica da Louisiana.

Países mais desenvolvidos da Ásia haviam se preparado a longo e curto prazo para a pandemia. Já no Ocidente, apesar do despreparo a longo prazo, ainda existia tempo para medidas rápidas com o objetivo de evitar uma devastação. Uma estrutura hospitalar era algo impossível de conseguir em poucas semanas, mesmo nos Estados Unidos. Mas ações de curto prazo eram possíveis, como o distanciamento social, o confinamento e mesmo o uso de máscaras, com o incentivo para as pessoas fabricarem em suas próprias casas, já que não daria tempo para produzir em larga escala por todo o mundo.

O isolamento foi adotado na Itália e em outros países para achatar a curva, evitar o colapso do sistema de saúde e preparar a população para conviver com a pandemia e reduzir o número total de casos. Seria a chamada "martelada", dentro da teoria do "Martelo e da Dança", disseminada aqui nos Estados Unidos, segundo a qual os países, despreparados, precisariam tomar uma medida extrema de confinamento inicial (a martelada) para, uma vez com o vírus controlado, começar uma reabertura, que seria a "dança". Dançar, no caso, significa adotar medidas de reabertura meticulosamente controladas.

Algumas nações asiáticas como a Coreia do Sul, Japão, Singapura e Taiwan não precisaram adotar essas medidas extremas (a martelada) porque já estavam mais preparadas para uma epidemia desde os tempos da Sars. Estavam um patamar acima, na etapa da dança. Pensaram a longo prazo. Os outros países precisavam radicalizar para atingir esse nível. O problema é que as medidas foram adotadas tardiamente.

Caso a Itália houvesse adotado o isolamento no início de fevereiro, possivelmente milhares de pessoas teriam sido salvas. O problema é que, além de as autoridades não estarem alarmadas com o risco da pandemia, certamente haveria enorme resistência da população. Sem nenhuma morte até então na Itália, os habitantes questionariam se medidas tão extremas fariam sentido já que o impacto econômico seria gigantesco. A equação apenas se alterou quando a Lombardia entrou em colapso.

As imagens de doentes morrendo em cidades como Bergamo, na região mais rica da Itália, causaram temor imediato em toda a Europa. Afinal, não se tratava mais de algo distante, na China. Tampouco de um colapso em um país em desenvolvimento. Era na Itália, em uma área rica ao redor da afluente Milão. A Covid-19 não era uma "gripezinha", como diziam muitas autoridades até aquele momento. Não havia respiradores suficientes para todos os pacientes em estado grave. Médicos precisavam escolher quem iria para a UTI. Quem estava em Nápoles ou Palermo sabia que, se no rico Norte o cenário era catastrófico, no Sul italiano, mais pobre, poderia ser ainda pior.

Mesmo diante do início da catástrofe italiana, muitas lideranças internacionais permaneciam relutantes em adotar medidas mais drásticas. No início de março, com centenas de pessoas morrendo diariamente na Itália, o presidente do Brasil, Jair Bolsonaro, visitou Donald Trump em seu clube na Flórida, onde jantaram com dezenas de outras pessoas. Algumas delas, da delegação presidencial brasileira, se infectaram com o novo coronavírus.

Difícil entender como, mesmo diante do cenário italiano, que rapidamente foi replicado na Espanha, ainda achavam que a doença de alguma forma mágica não fosse atingir em larga escala o Brasil e os Estados Unidos. A Itália apenas teve a falta de sorte de ser o primeiro lugar ocidental a ser atingido com força pelo vírus. Inicialmente, o país estava agindo de forma similar a outras nações europeias, adotando como medida preventiva apenas a suspensão de voos vindos da China. Ao longo da primeira quinzena de fevereiro, a situação parecia estar sob controle.

Para entender a catástrofe italiana, vale se aprofundar um pouco na geografia do país. O Norte da Itália é a região mais desenvolvida, com metrópoles ricas como Milão e Turim. Já o Sul, historicamente, sofre mais com a pobreza. Em uma epidemia, talvez pudéssemos supor que lugares sulistas como a Calábria seriam mais afetados do que a Lombardia, na fronteira com a Suíça. Não foi, no entanto, o que ocorreu. Uma série de fatores agravou o cenário no Norte. Em primeiro lugar, muito possivelmente o novo coronavírus penetrou primeiro nessa região. Isso, por si só, não seria suficiente para essa ser a área mais afetada. A Coreia do Sul foi atingida bem antes do que outros países como o Brasil e teve uma performance incomparavelmente superior.

No caso da Lombardia, alguns episódios chamam a atenção. Primeiro, um paciente jovem que chegou a ir a um hospital com sintomas da doença, mas acabou liberado. Essa pessoa foi a festas e outros eventos e contaminou dezenas de pessoas dando início ao surto. Um jogo de futebol entre o Atalanta, equipe de Bergamo, contra o Valência também disseminou a doença entre torcedores. Algumas características como a presença de uma população idosa também contribuíram para o início da epidemia — mas temos de lembrar que o Japão também possui população idosa e foi bem menos afetado. Há o argumento de que, na Itália, assim como em outras nações mediterrâneas, diferentes gerações de famílias costumam habitar as mesmas casas. Um neto infectado, mas sem sintomas, poderia contaminar o avô mais facilmente do que em nações nórdicas, onde o contato entre diferentes gerações de uma mesma família costuma ser menor. Mas isso também teria de valer para países como a Grécia, o que não ocorreu. Além disso, asilos foram os lugares onde mais ocorreram mortes no Norte da Europa e nos Estados Unidos. Ainda não ficou claro se idosos estão mais seguros nesses lugares ou se com os familiares mais jovens.

    Quando a doença se espalhou com velocidade no dia 21 de fevereiro, as autoridades italianas ainda não percebiam a real gravidade. Isolaram algumas vilas no Norte. Essa medida, porém, já se mostrava insuficiente. Além dos fatores geográficos e sociais, dois foram os problemas a agravar a epidemia na Itália. Um deles afetava todo o país e mesmo outras nações europeias. Simplesmente, os italianos não estavam preparados para uma epidemia de uma doença respiratória como a Covid-19. Não havia máscaras para a população. Não havia respiradores para os hospitais. Não havia um protocolo para o distanciamento social. Não existia o preparo de países asiáticos como o Japão, a Coreia do Sul e Taiwan. Era o caos à italiana.

    O segundo problema foi a incompetência inicial de autoridades italianas. Muitos não compreendiam o crescimento exponencial de uma doença pandêmica. Como havia poucos casos, seguiam relutantes em adotar medidas extremas para conter a curva de infecções quando ela ainda estava baixa. Achavam ser possível manter a economia aberta e a vida normal mesmo diante da ameaça do novo coronavírus. Um personagem exemplar desse comportamento equivocado foi o prefeito de Milão, que posteriormente se desculpou por ter insistido em não impor o isolamento.

    Diante de cenas inimagináveis na Lombardia, com médicos precisando escolher quem receberia a ajuda dos respiradores, o governo italiano finalmente impôs um rigoroso lockdown para conter a circulação de pessoas. Começou pelas províncias do Norte, mas dias depois passou a vigorar em toda a nação. As pessoas poderiam apenas ir ao trabalho, caso fossem consideradas trabalhadores essenciais, ao supermercado e à farmácia.

    Com a pandemia atingindo virulentamente outras nações europeias, como a Espanha e a França, em poucos dias grande parte do continente estava em isolamento. Era preciso dar a martelada. Ninguém circulava pela Piazza Navona em Roma, pela praça Puerta del Sol em Madrid, pelas Ramblas em Barcelona e pela Champs-Élysées em Paris. Campeonatos de futebol, festas e shows foram cancelados. Escritórios, restaurantes e lojas, fechados. Todos precisavam ficar em casa em busca da diminuição da curva de infectados pela Covid-19. O Reino Unido demorou um pouco mais para agir porque chegou a cogitar adotar a política de imunidade de rebanho. Quando estudos demonstraram o risco de centenas de milhares de pessoas morrerem, o premiê Boris Johnson, que viria a sofrer um caso severo de Covid-19, decidiu seguir as medidas adotadas pela maioria das outras nações europeias.

A Suécia, que costuma ser exemplo de iniciativas corretas ao redor do mundo, virou o símbolo do fiasco. As autoridades decidiram não impor o isolamento e mantiveram a economia aberta. Um fracasso, quando comparamos o número per capita de mortes não apenas com seus vizinhos nórdicos, mas também com países bem menos desenvolvidos na Europa e em outros continentes.

Estados Unidos

Os Estados Unidos adotaram o isolamento cerca de duas semanas após os italianos. Foi tardio e não teve o mesmo rigor de nações europeias. A questão do isolamento e o uso de máscaras polarizaram a sociedade americana, assim como outra série de questões que acabam sendo politizadas num ambiente (como o brasileiro) de intensa rivalidade política. Alguns questionavam a necessidade de confinamento da população devido aos efeitos na economia. O próprio presidente Trump flertou com a possibilidade no início da pandemia, ao longo do mês de março. Uma série de governadores, especialmente republicanos, seguiu essa linha. Em alguns estados administrados por democratas, como Michigan, onde a política de isolamento foi adotada, ocorreram protestos de pessoas defendendo a reabertura da economia. O presidente americano também defendeu o uso de hidroxicloroquina e cloroquina, apesar de não haver respaldo científico.

A ciência, apesar de Trump, prevaleceu em alguns momentos. O time da Casa Branca incluía cientistas sérios, como Anthony Fauci e Deborah Birx, respeitados internacionalmente desde os tempos de combate à aids nos anos 1980 e 1990. Ainda assim, a resposta americana acabou sendo um fracasso — assim como a europeia. Alguns podem argumentar que sem as medidas tomadas o número de mortes poderia ser bem superior. Sem dúvida. Mas também poderia ter sido muito inferior se outras estratégias fossem adotadas e, acima de tudo, se as autoridades houvessem agido com mais velocidade. Basta observar a Austrália e a Alemanha, com resultados muito superiores.

Trump também possuía informações sobre a gravidade da doença, conforme ele próprio disse em entrevista gravada ao jornalista Bob Woodward, conhecido repórter do *Washington Post*, que, junto com Carl Bernstein, foi premiado pelas reportagens do escândalo de Watergate que culminariam na renúncia do então presidente Richard Nixon. Posteriormente, o atual presidente americano voltou a dizer em entrevista para o jornalista que estava minimizando a força da Covid-19 de propósito.

Nova York foi disparado a região mais atingida na primeira etapa da pandemia, superando a marca de 30 mil mortos ainda em maio. O desastre se deveu tanto à lentidão das autoridades como também a características próprias da cidade. O prefeito Bill De Blasio e o governador Andrew Cuomo já possuíam informações e dados suficientes para impor o isolamento no início de março ou mesmo ainda em fevereiro. Esperaram três semanas que se mostraram fatais para a população da cidade. Com o novo coronavírus em grande circulação, restaurantes e bares seguiam funcionando e metrôs operavam lotados. Ninguém usava máscara — no início, isso se deveu a uma política para que não faltassem máscaras para os profissionais da saúde. Tampouco havia preparo nos hospitais. Eles acordaram apenas na segunda quinzena de março. Em uma cidade tão densamente povoada e desigual como Nova York, esse atraso se mostrou fatal. Outro erro, de Cuomo, foi permitir que pacientes infectados ficassem em asilos.

Posteriormente, os dois líderes nova-iorquinos melhoraram suas performances. Cuomo adotou uma postura educativa e de liderança. Todos os dias, pontualmente às onze e meia da manhã, comandava uma entrevista coletiva. Sempre começava com as informações de número de novos casos, hospitalizações, internações na UTI, intubações e novas mortes. O governador não escondia as notícias ruins. A população assim conseguia acesso ao andamento da pandemia. Posteriormente, Cuomo explicava cada medida tomada e dizia o que vinha dando certo e o que vinha dando errado. No pico, em meados de abril, chegaram a morrer entre setecentas e oitocentas pessoas por dia em Nova York. No fim de maio, o total caiu para menos de setenta mortes diárias. No final de junho, já era quase dez vezes menor, em uma trajetória que prosseguiu em julho. Em agosto, havia dias seguidos sem o registro de nenhuma morte e com a circulação do vírus em patamares parecidos ao da Coreia do Sul.

A coletiva diária de Cuomo entrou no ritual aqui de casa. A família toda assistia, ainda que meus filhos prestassem pouca atenção. Entendiam que o governador de Nova York seria um dos responsáveis por nos proteger do vírus. Ficávamos torcendo para a redução no total de mortos. Creio que essa postura dele ajudou a passar confiança para os nova-iorquinos. Foi transparente nos momentos ruins, mas deixava claro que as medidas iriam provocar melhoras. Descrevia bem a necessidade da martelada e também como seria a dança.

Outros estados americanos tiveram uma performance inicial bem superior a Nova York, independentemente de serem governados por democratas ou republicanos. Um dos exemplos principais foi a Califórnia. Pesou a favor o fato de as cidades californianas, com exceção de São Francisco, serem menos densas do que Nova York. Porém o mais importante foram as autoridades locais terem agido com rapidez, antes das nova-iorquinas.

Houve, no entanto, uma série de estados como a Flórida e o Texas que abriram as suas economias de forma desorganizada, na chamada dança, e sem ter o mínimo controle da doença. Não seguiram as recomendações das autoridades de saúde. O resultado, inevitável, foi um crescimento alarmante no número de casos. O mesmo ocorreria com a Califórnia, após um início promissor. Nesse sentido, Nova York demonstrou mais competência ao lidar com a crise a longo prazo. A martelada demorou para os nova-iorquinos, mas, quando veio, teve impacto positivo. E o estado "dançou" bem melhor do que os demais. Os governantes do estado e da cidade entenderam que somente com uma série de indicadores positivos, como redução nas internações, no número de novos casos, de mortes e de resultados positivos em testes, poderiam permitir uma gradual reabertura da economia.

No mês de abril, o cenário em Nova York era assustador. O tempo todo ouvia-se o barulho irritante das sirenes das ambulâncias. Um clima de guerra instaurou-se na cidade. Houve alguns dias nos quais os números de ligações para o 911, que é o número de emergência nos Estados Unidos, superou o do Onze de Setembro. Quase ninguém saía às ruas. O medo era grande. A chegada de um navio-hospital da Marinha americana e o estabelecimento de um hospital de campanha no Central Park simbolizaram a tragédia nova-iorquina. No Queens, uma das regiões de Nova York, alguns hospitais chegaram ao limite de sua capacidade. As funerárias e os crematórios não davam conta de tantos corpos. Muitos tiveram de ser armazenados em caminhões frigoríficos.

Lembro de sair de casa em quase pânico para caminhar alguns minutos com o meu cachorro. Minha mulher se vestia quase como uma astronauta para ir ao supermercado e ainda assim raríssimas vezes. As ruas estavam desertas. Um silêncio de morte pairava sobre a antes agitada cidade global. Ainda que o isolamento fosse apenas recomendado, sem risco de multa para quem caminhasse nas ruas, o temor de ser infectado era gigantesco. Um dos pavores era, após contaminado pelo vírus, desenvolver uma versão mais severa da Covid-19, dar adeus à família na ambulância e ir para o hospital sem saber se e quando poderia retornar para casa.

A pandemia, obviamente, provocou um colapso econômico, após uma década de expansão e bonança na economia americana. A taxa de desemprego até fevereiro estava abaixo de 4%, o PIB crescia e não havia inflação. A pandemia reverteu completamente esse cenário otimista. Em poucas semanas, 40 milhões de pessoas pediram o auxílio desemprego. Milhões de postos de trabalho foram fechados. A taxa de desemprego atingiu patamares similares ao do período da Grande Depressão e de forma abrupta.

Como comparação, na crise de 2008, a taxa de desemprego, que já estava ao redor de 6%, demorou um ano para atingir seu patamar máximo de 10% em outubro de 2009. Posteriormente, foram dez anos de queda, mas demorada, até retornar ao nível mais baixo em cinquenta anos no ano passado. O colapso econômico causado pela pandemia afetou acima de tudo as minorias, em especial os afro-americanos e os latino-americanos. A Covid-19 provocou proporcionalmente um número bem maior de vítimas entre as minorias se compararmos à população branca americana.

Esse impacto desproporcional da pandemia na comunidade afro-americana escancarou ainda mais a desigualdade racial e social nos Estados Unidos. Embora o catalizador das mega-manifestações contra o racismo e a violência policial tenha sido a morte de George Floyd por policiais brancos em Minneapolis, o impacto da Covid-19 nas comunidades negras certamente contribuiu para uma maior insatisfação. Talvez tenha sido o primeiro efeito político e social claro da pandemia.

Donald Trump, com seu discurso de divisão, foi um dos poucos líderes no Ocidente que não viu a sua popularidade subir. Na Europa ocidental, mesmo diante dos elevados números de mortes, superando em alguns casos o total per capita dos Estados Unidos, a maior parte dos governantes viu sua aprovação subir, o que é comum em tempos de crise, embora apenas de forma transitória. O presidente Trump claramente não demonstrou preocupação com o povo americano na pandemia e teve pouco engajamento na parte de saúde, a não ser para defender medicamentos ineficientes, segundo pesquisas científicas.

Brasil

A pandemia chegou ao Brasil pelas classes sociais mais altas, que retornavam das férias em países europeus. Talvez seja o primeiro país da terceira onda da Covid-19, se considerarmos o Leste da Ásia como a primeira em janeiro e fevereiro; e Europa, Estados Unidos e Canadá como segunda, em março e abril. Na terceira, as nações mais afetadas são as do mundo emergente, como Brasil, Índia e México, e o pico se iniciou em maio, com acentuação a partir de junho. Claro que essa divisão não é inteiramente perfeita, já que o Irã, por exemplo, integrou a segunda onda.

Apesar de mais pobres, na América do Sul alguns países tiveram um bom desempenho no combate à Covid-19, como Uruguai e Paraguai. Seus líderes, observando o que ocorria na Europa, optaram por adotar medidas de isolamento social rigorosas e contaram com o apoio da população. Uma martelada forte. O posicionamento desses governos foi o de se amparar na ciência, diferenciando-se claramente de presidentes como Jair Bolsonaro e Donald Trump.

O presidente do Brasil até poderia ter se saído bem. Sua equipe inicial no Ministério da Saúde agiu com foco, levando em consideração posições científicas. O ministro Luiz Henrique Mandetta lembrava Cuomo nas suas coletivas, tendo uma postura educativa e informativa a respeito da escalada do vírus no país. Mas Bolsonaro o demitiu porque Mandetta não concordava com ações infundadas, como a defesa da hidroxicloroquina. Esse medicamento usado contra a malária, celebrado por Bolsonaro, não tem eficácia comprovada contra a Covid-19 e pode causar efeitos colaterais em algumas pessoas. O sucessor de Mandetta, Nelson Teich, também foi demitido em poucas semanas por priorizar a ciência. O general Eduardo Pazuello assumiu interinamente o cargo por meses até ser efetivado, sem contestar o negacionismo do presidente.

Houve também atritos graves entre Bolsonaro e governadores, como João Doria, de São Paulo, que viam a necessidade da martelada inicial, antes de implementar a dança. Pretendiam seguir mais ou menos o caminho dos europeus e de Nova York. Mas esbarravam no discurso anticiência do presidente.

Na maior parte do mundo, diferentemente dos Estados Unidos e do Brasil, opositores se uniram aos governos, evitando politizar o combate à Covid-19. Cenários parecidos foram observados em países no Oriente Médio. Na África, com uma experiência maior em pandemias e uma população jovem, o impacto ao menos nessa primeira leva da pandemia ficou aquém do mundo desenvolvido.

Não é possível determinar se democracias ou ditaduras tiveram performances melhores nesta pandemia. Houve fracassos em regimes ditatoriais, como o Irã, e também em democráticos, como o Reino Unido. Ao mesmo tempo, algumas nações governadas por ditaduras, como a própria China, sobressaíram, da mesma forma que democráticas, como a Coreia do Sul. Portanto o sistema de governo não impactou na definição de quem teve sucesso.

O fator econômico tampouco foi determinante. Países ricos como a França tiveram dezenas de milhares de mortos. Outros, também ricos, como o Japão, viram apenas centenas de vítimas fatais. Entre os pobres, houve casos de sucesso como o do Paraguai, e de fracassos, como o Equador. Mesmo entre nações economicamente próximas, como o Chile e a Argentina, houve disparidades. Na Europa, Portugal, Grécia e Croácia conseguiram enfrentar a Covid-19 com resultados bem melhores do que outros países do sul do continente, como a Itália e a Espanha. No Oriente Médio, Israel, a nação mais desenvolvida, teve proporcionalmente um número de mortos bem maior do que nações árabes mais pobres. O país inclusive adotou um segundo lockdown em setembro diante do crescimento dos casos.

A localização geográfica teve certa influência. Países isolados, como Nova Zelândia e Islândia, tiveram mais facilidade para controlar o avanço da pandemia. Ainda assim, difícil explicar como Montenegro, na Europa e não muito distante da Itália, conseguiu praticamente eliminar a doença. Na América do Sul, o Brasil e o Peru tiveram dezenas de milhares de mortos enquanto o Uruguai, não. A proximidade com epicentros teve efeitos menores também. A Suíça e a Eslovênia conseguiram evitar que o caos da vizinha Lombardia chegasse com força a esses países. O Uruguai teve o mesmo sucesso em relação ao Brasil.

Ser governado pela direita ou pela esquerda foi irrelevante. Governos de centro-esquerda como Nova Zelândia e a Coreia do Sul foram elogiados por conseguirem superar a primeira fase da pandemia. Mas alguns de centro-direita, como o Japão e a Austrália, também saíram relativamente vitoriosos. Mesmo se formos para os extremos, veremos bons resultados em Cuba, à esquerda, e na Hungria, à direita. Por outro lado, governos de centro-esquerda fracassaram, como na Espanha. E de centro-direita também, como no Chile.

Ainda em meio à pandemia e com risco de novas ondas ao longo do próximo ano, há muita incerteza sobre o futuro recente do planeta. Algumas tendências já podem ser observadas. A primeira é o aumento do peso do Estado em praticamente todas as nações. A ideologia do "Estado mínimo" perdeu força diante da grande tragédia sanitária e humanitária da nossa geração. Verificou-se que apenas os governos nacionais possuíam condições tanto de comandar o combate à Covid-19 como de amenizar o impacto econômico. Seria simplesmente impossível a iniciativa privada lidar sozinha com esse problema.

China versus Estados Unidos

O período pós-pandemia acelerou alguns movimentos geopolíticos que já tomavam forma ao longo das últimas décadas. Os dois mais importantes são a intensificação de uma Guerra Fria entre os Estados Unidos e a China e o fortalecimento da Ásia. Ao mesmo tempo, a Covid-19 pode ter ao menos freado o avanço do populismo em alguns países, embora seja cedo para ter certeza de que esse fenômeno se consolidará.

Comecemos pelo agravamento no conflito entre Washington e Pequim. Estados Unidos e China foram inimigos no passado, após a Revolução Comunista Chinesa na segunda metade dos anos 1940. Foram mais de vinte anos de inimizade durante a Guerra Fria entre Estados Unidos e União Soviética, com o governo americano reconhecendo Taiwan como a administração legítima da China. A reaproximação começou em 1971, com a diplomacia do pingue-pongue, quando jogadores americanos foram convidados por chineses para um torneio na capital chinesa. O mítico (e controverso) secretário de Estado Henry Kissinger visitou secretamente a China, e pouco depois Pequim substituiu Taiwan nas Nações Unidas, com os chineses ocupando uma cadeira permanente no Conselho de Segurança da entidade, com direito a veto.

Naquela época, havia uma tensão entre os regimes comunistas chinês e soviético, com diferenças ideológicas e também disputas fronteiriças. Os Estados Unidos buscavam se aproveitar para ocupar o espaço deixado por Moscou. Com a visita de Richard Nixon à China para se reunir com Mao, em 1972, foi iniciado o processo de normalização entre os dois países. As relações seriam formalizadas apenas sete anos mais tarde, durante o governo de Jimmy Carter.

Ao longo dos anos 1980, a China deixou de ser vista como uma ameaça para os Estados Unidos. Era então uma nação gigantesca e empobrecida. No campo econômico, o avanço japonês parecia preocupar muito mais as autoridades americanas. A economia chinesa era atrasada, pré-industrial, ineficiente. Não havia produtos de alta tecnologia. A industrialização começava, mas ainda assim de forma precária e sob forte tutela estatal. Pequim tampouco era uma prioridade no campo militar. A preocupação americana ainda era a União Soviética. A tensão entre Washington e o regime chinês viveu, no entanto, um momento de estremecimento quando ocorreu o massacre da praça Tiananmen em 1989. As relações chegaram a ser congeladas.

Americanos e chineses, durante a década de 1990, se tornaram parceiros comerciais. As exportações e importações entre as duas nações se intensificaram e cresceram de forma exponencial até a China virar a maior parceira comercial dos Estados Unidos. As transações bilaterais, que eram de US$ 5 bilhões em 1980, atingiram US$ 740 bilhões em 2018, antes da guerra comercial. Um aumento de quase 150 vezes.

A rivalidade comercial entre os dois países também começou a florescer neste século — especialmente nesta década. Produtos chineses começaram a rivalizar com os americanos em certos mercados ao redor do mundo. Ainda assim, uma relação de rivalidade associada à parceria não é um problema. Os carros japoneses e alemães são rivais dos americanos e Japão e Alemanha possuem boas relações com os Estados Unidos. Os produtores de soja brasileiros são concorrentes dos americanos, o que não implica problemas para o bom diálogo entre os dois maiores países do continente americano.

Na avaliação de muitos analistas e formuladores de política externa dos Estados Unidos, o comércio com a China acabaria inevitavelmente levando a uma abertura democrática maior dos chineses. Não foi, no entanto, o que ocorreu. O regime chinês continuou fechado e naturalmente os choques com os Estados Unidos começaram a aumentar, ainda mais com a China de hoje sendo bem distinta da dos anos 1970 e 80. O país tem a segunda maior economia do mundo e em alguns anos pode ser a primeira. Na área de tecnologia, está na vanguarda em muitos campos, como no 5G, onde supera os americanos. Para completar, Xi Jinping chegou ao poder em Pequim com uma agenda mais nacionalista do que os seus antecessores. Os Estados Unidos, por sua vez, elegeram Donald Trump, um populista e protecionista.

O novo líder americano, ao assumir a Presidência em 2016, decidiu bater com mais força na questão do gigantesco déficit comercial dos Estados Unidos com a China. Esse resultado negativo também irritava o governo de Barack Obama. A diferença é que o ex-presidente buscava decidir as disputas com os chineses na Organização Mundial do Comércio. Já Trump, que repudia entidades multilaterais, optou por agir unilateralmente e impôs tarifas aos produtos chineses, que revidaram, dando início à Guerra Comercial em 2018. Pequim foi pega um pouco de surpresa, já que o atual ocupante da Casa Branca buscava agradar a Xi, assim como o líder chinês tentava agradá-lo. Imaginavam ser possível uma boa coexistência.

Os americanos demonstram temor com o domínio chinês no 5G e agem de todas as formas para impedir que outros países usem a tecnologia chinesa. É uma das prioridades da diplomacia americana conter o avanço chinês no setor. Quem tiver o domínio do 5G tende a ter uma enorme vantagem comparativa nas próximas décadas. Mais uma vez, não se trata de algo do governo Trump. A administração anterior, de Obama, também exibia preocupação com a Huwaei. Mas o atual presidente passou a agir de maneira muito mais assertiva do que o antecessor.

Em temas geopolíticos internacionais, a China normalmente evitava bater de frente com os americanos, a não ser quando envolvia o seu quintal, como em Hong Kong e Taiwan. Basta observar que os chineses trabalharam junto com os americanos para a assinatura de um acordo nuclear com o Irã. Os chineses tampouco tentam se envolver na questão israelo-palestina, que é extremamente importante para os Estados Unidos. Até mesmo na Coreia do Norte há certa coordenação entre as duas nações. O objetivo de Pequim, na verdade, sempre foi ampliar o seu comércio com o mundo todo, independentemente de quem governe os países.

Um exemplo clássico é o da Líbia. Durante o regime de Muammar Kadafi, o maior parceiro comercial dos líbios era a China. Os Estados Unidos e seus aliados europeus e do mundo árabe realizaram uma megaintervenção para derrubar o ditador. Após a sua queda, os chineses seguiram como o principal parceiro comercial dos líbios. Mesmo hoje, há enfrentamentos de coalizões apoiadas por Emirados Árabes e Turquia. E quem domina o comércio? A China.

Nos últimos anos, porém, a China, ainda que timidamente, começou a divergir dos Estados Unidos em alguns poucos tópicos distantes de suas fronteiras. São os casos da Venezuela e da Síria. Pequim se posicionou contra o isolamento de Nicolas Maduro, como queriam os americanos. Ao contrário, saiu em defesa do ditador venezuelano. Ao mesmo tempo, sempre se aliou à Rússia e vetou resoluções contrárias aos interesses de Bashar al-Assad em Damasco. Não chegou a enviar tropas para defender o regime sírio, mas atuou para impedir a sua queda. Agora, durante a pandemia, deve firmar um acordo bilateral com o Irã para a compra de petróleo em troca de domínio na infraestrutura iraniana, buscando contornar as sanções impostas por Washington.

Os Estados Unidos, por sua vez, passaram a se envolver com firmeza no quintal chinês. Em julho de 2020, a administração Trump decidiu contestar as reivindicações territoriais chinesas no Mar do Sul da China, posicionando-se ao lado de países como a Malásia.

A pandemia exacerbou esse conflito frio entre Estados Unidos e China e atinge até as redes sociais, como a chinesa TikTok, que ganhou muito espaço entre jovens de todo o mundo. Hoje, o grande adversário americano no planeta é a China. E há uma preocupação porque a relação de interdependência entre os dois países é maior do que entre americanos e russos. As dificuldades americanas para conter a China são maiores.

A busca pelo chamado softpower (a ampliação da esfera de influência de uma forma não belicosa) se intensificou com a pandemia. Os chineses se mostraram mais eficientes no combate à Covid-19. Agora, os dois países, além de outras nações como Reino Unido, Índia e Rússia, buscam ser os primeiros a conseguir aprovar uma vacina com eficácia. Será uma enorme vantagem ter acesso à vacinação antes, tanto para reabrir com mais força a economia como também para questões geopolíticas.

A retórica também se intensificou, com teorias da conspiração aflorando tanto nos Estados Unidos quanto na China. O uso do termo "vírus chinês" por parte de Trump irrita profundamente o regime chinês.

Joe Biden, se eleito, deve manter uma postura anti-China. É algo que neste momento une democratas e republicanos. Pressionará países como o Brasil a não adotarem a tecnologia chinesa do 5G. Verá Pequim como uma ameaça na área de segurança. Talvez até intensifique as críticas aos chineses na área dos direitos humanos, condenando a perseguição aos uighurs (uma minoria étnica muçulmana) na região do Xinjiang e a repressão aos protestos pró-democracia em Hong Kong. Esse embate entre China e Estados Unidos talvez não pudesse ser contornado, mas certamente se acelerou com a pandemia. É inevitável que muitos americanos culpem a falta de transparência inicial dos chineses ao menos em parte pelo número de mortes no território americano.

O destino dos europeus

Outro movimento de aceleração da história ocorreu na União Europeia, que começou o ano enfraquecida pela saída formal do Reino Unido do bloco. O Brexit abriu uma era de incerteza sobre o futuro da organização. O ano tenderia a ser marcado pelas negociações de um acordo com os britânicos sobre qual seria a relação entre os dois lados com o rompimento. A expectativa era de um diálogo duro e possivelmente sem solução ainda em 2020, com provável prorrogação das conversas.

O crescimento do populismo e a chegada da extrema direita ao poder também dominavam a agenda europeia. Uma das maiores preocupações estava na redução das liberdades democráticas na Hungria e na Polônia, no Leste. O primeiro país, governado pelo premiê Viktor Orban e seu partido Fidesz, tem atacado a imprensa e a oposição, enfraquecido a universidade e cerceado direitos. Há xenofobia quase aberta e um amargo retorno do antissemitismo em sua administração. Direitos da comunidade LGBTQ vêm sendo atacados e restringidos. Cenário parecido ocorre na Polônia com o Partido da Lei e Justiça do presidente Andrzej Duda. Movimentos similares, embora à margem do governo, ganham musculatura em grandes potências europeias como a França e a Alemanha.

Em paralelo ao crescimento da extrema direita, um movimento mais liberal, no sentido de progressista, com a defesa do meio-ambiente e das minorias, atrai um número cada vez maior de jovens e tem conseguido levar partidos com essa agenda a vitórias especialmente nas grandes cidades europeias. O viés é metropolitano e cosmopolita em contraposição ao contorno mais provinciano e tacanho da extrema direita. Essas duas ondas batem de frente tanto com a direita tradicional, de partidos como o Democrata Cristão, ainda no poder na Alemanha, quanto com os social-democratas, que governam países como a Espanha e Portugal.

Além dessas dificuldades, a Europa se sentia isolada com Trump no poder nos Estados Unidos e com a possibilidade crescente, até o início deste ano, de o republicano ser reeleito. O presidente americano sempre se posicionou contra algumas das fundações mais importantes da União Europeia e também contra alicerces da relação entre Washington e os europeus, como fica claro em suas críticas à Otan. O líder americano também demonstrava apoio tanto a governos iliberais, como os da Hungria e da Polônia, como a partidos e políticos de extrema direita em outros países, causando pavor em Bruxelas.

Já a questão dos refugiados e dos imigrantes não estava no topo da agenda, como alguns anos atrás, quando eclodiu a pandemia. O mesmo vale para o terrorismo, uma vez que a onda de atentados do Isis, também conhecido como Grupo Estado Islâmico ou Daesh, se reduziu abruptamente com a derrota da organização na Síria e no Iraque e a consequente diminuição no seu poder de atração de membros dentro do continente europeu. Ainda assim, esses temas prosseguiam nos debates nas capitais europeias quando começou 2020.

Para completar, havia a ameaça de interferência da Rússia em tópicos internos desses países, com Vladimir Putin sendo visto como hostil por algumas nações europeias. A China, por sua vez, não desfruta dos ideais democráticos liberais da União Europeia. O Brasil, embora com uma importância menor, passou a ser visto com preocupação diante da presidência de Jair Bolsonaro e suas posições contrárias à defesa do meio-ambiente. A Turquia, integrante da Otan, adotava posturas hostis e contrárias às da União Europeia. Seu líder, Recep Tayyip Erdoğan, se tornava um autocrata, prendendo opositores, censurando a imprensa e impondo uma visão religiosa e extremista em um país conhecido por quase cem anos de secularismo, desde a Revolução de Ataturk após o colapso do Império Otomano.

Não que a Europa estivesse rompida com esses países. Os Estados Unidos de Trump seguiam como aliado fundamental da União Europeia e principal parceiro comercial. A China vê seu comércio com os europeus crescendo ao longo das últimas décadas. A Rússia tem importância no fornecimento de gás para o continente. A Turquia é vista como vital para impedir um novo fluxo de refugiados para o restante da Europa. E um acordo comercial foi firmado com o Mercosul.

Neste contexto geopolítico, os europeus observaram à distância o surgimento do novo coronavírus na China e demoraram para tomar medidas enérgicas. Vimos o impacto gigantesco nas dezenas de milhares de vidas perdidas em países como Itália, França e Espanha. A expectativa era de que a pandemia pudesse ser o golpe final na União Europeia, com seus países agindo de maneira independente, sem se importar com as determinações de Bruxelas. Esses países também tenderiam a entrar em uma depressão econômica que levaria muitas dessas nações a uma progressiva decadência.

Nos meses de março e abril, essa parecia ser a tendência. A partir de maio, no entanto, os europeus começaram a controlar a Covid-19. A circulação do vírus despencou em quase todos os países. Aos poucos, a economia foi reabrindo. Alguns países, como a Itália, demonstraram um enorme e surpreendente espírito de união. Começaram a se reerguer antes do previsto. Em julho, com a mediação da França e da Alemanha, a União Europeia conseguiu superar as divergências entre os países do Norte (Dinamarca, Suécia, Áustria e Holanda) e os do Sul (Grécia, Itália, Espanha e Portugal) para um programa de incentivo às economias. Com o fim do verão, no entanto, o cenário voltou a se agravar em muitas nações europeias com o crescimento nos casos, ainda que não na escala de março e abril. No final, ao que tudo indica, a Europa sairá mais forte do que entrou nesta pandemia. O espírito será de reconstrução.

Beirute explode no meio da pandemia

Com exceção do Irã e do Iraque, o Oriente Médio não foi um epicentro da pandemia. Houve altos e baixos em Israel, mas nada que colocasse o país no mesmo patamar dos Estados Unidos ou do Brasil. Os demais países, incluindo os que enfrentam conflitos como a Síria e o Iêmen, conseguiram, ao menos até este momento, superar a pandemia sem maiores impactos. Nos países mais ricos, como os do Golfo Pérsico, por políticas rápidas para contenção das infecções. Já nos territórios sírios e iemenita, pesou a pouca circulação de pessoas. Somente foi visto caos em Teerã e Bagdá, das grandes capitais da região.

Os maiores acontecimentos na região não foram diretamente ligados à Covid-19. A explosão no porto de Beirute (em 4 de agosto) terá efeitos incomparavelmente maiores do que a pandemia. Inclusive, no número de mortos. Eram 103 mortes na pandemia e 177 na explosão até o dia da tragédia — o total de vítimas disparou nos últimos dois meses.

A explosão em Beirute teve um enorme impacto para mim em meio a esta cobertura da pandemia. Tenho origem libanesa. Quase todos os anos viajo ao país. Queria embarcar em um avião e acompanhar a tragédia de perto. Fazer reportagens e também ajudar os libaneses. As cenas, com mortos e feridos em meio aos escombros, pareciam de apocalipse. Os lugares mais atingidos eram regiões que eu frequentava bastante. O Líbano já sofria com um colapso econômico do padrão da Argentina em 2001, com o agravante de não ser uma nação rica em *commodities*. Os libaneses importam quase 80% de sua comida. Quase a totalidade disso entrava no país pelo porto da capital. Os outros dois, em Trípoli e Sidon, são consideravelmente menores. Escrevi até um texto para *O Globo* que descreve como me senti naquele momento. Permitam-me compartilhar o artigo aqui, porque faz parte do que vivi neste período de Covid-19 e de como as tragédias do nosso planeta continuaram e foram apenas superdimensionadas pelo novo coronavírus:

"Guga, Beirute acabou. Não há mais Beirute. É apocalíptico, Guga. Parece aqueles filmes de Hollywood onde toda a cidade foi destruída. Não sobrou nada. Nada. Não tem casa em Beirute que não tenha sido danificada. É algo nunca visto antes."

A Karma, minha melhor amiga libanesa, com voz embargada, me enviou esta mensagem na madrugada de ontem.

A Beirute da Karma, que é a minha Beirute, acabou. A Beirute trágica derrotou a Beirute mágica. Sei disso porque a Karma era uma apaixonada por Beirute, sua cidade natal. Cresceu durante a guerra civil, quando diferentes milícias cristãs lutavam entre si e também contra grupos palestinos, inimigos sunitas, xiitas e marxistas. De origem cristã armênia, é casada com o Hani, um muçulmano sunita. Fluente em francês, árabe, inglês e armênio, foi a quarta geração da sua família a se formar na Universidade Americana de Beirute, a mais tradicional do Líbano. Sempre mostrou otimismo, mesmo nos piores momentos de tragédia.

Nasci em São Paulo, que sempre será a minha cidade. Moro em Nova York, que é a cidade onde escolhi viver. Mas Beirute é a cidade que eu amo, desde a minha primeira visita nos anos 1990 com meus pais e irmãos, para onde vou quase todos os anos e onde fixei minha base entre 2008 e 2009 quando era correspondente no Oriente Médio. Vi essa cidade, na terra dos meus avós, ainda destruída pela guerra civil (1975-90), e a vi reconstruída. Vi bombardeada em 2006, e a vi reerguida. Vi a Beirute trágica e vi a Beirute mágica.

Beirute resume o mundo. Resume ao ser a verdadeira ponte entre Ocidente e Oriente. Não é clichê. É a realidade dessa metrópole às margens do Mediterrâneo Oriental, que abre as portas para o mundo árabe de um lado e serve como porto de partida para a Europa em outro. Essa cidade que sofreu influência francesa e também árabe. Essa cidade que existe desde os fenícios, passando por impérios como o Bizantino e o Otomano.

A Beirute mágica é das pedras do Raouche no Mediterrâneo; é o das pessoas fumando narguilé e pescando no calçadão à beira-mar do Corniche. É a Beirute da colina verdejante da magnífica Universidade Americana de Beirute; é a dos restaurantes da marina de Zeituna Bay; é da piscina do Hotel Phoenicia; é dos minaretes e cruzes se misturando no centro reconstruído; é as ruas charmosas e igrejas de diferentes denominações cristãs de Ashrafieh; é a dos bares lotados de Mar Mikhail e Gemeyzah; é dos cafés de Hamra; é das mulheres de véu amigas das meninas de biquíni; da voz da Fairuz na música "Le Beirut".

E há a Beirute trágica com a sua parte pobre, onde vivem os refugiados sírios e palestinos em condições de miséria. São as cicatrizes de conflitos e dos atentados, como as ruínas do Hotel St. George, destruído na guerra civil e depois no atentado contra Hariri. A Beirute trágica é também do colapso econômico, da incompetência política, do lixo não recolhido, da falta de eletricidade, dos bombardeios. E agora, a Beirute trágica da explosão no porto.

Minha primeira memória de Beirute foi aos seis anos, vendo o *Jornal Nacional*, possivelmente após o atentado que matou o presidente Bashir Gemayel. Meu pai, filho de libaneses, disse que "Beirute acabou". Era a Beirute trágica. Mas voltou a ser mágica. Minha filha de quatro anos está impactada com a "bomba no Líbano", da Beirute trágica. Mas um dia a levarei para conhecer a Beirute mágica, da Karma. Que está destruída. Mas será reerguida como tantas outras vezes.

Outro episódio ocorrido em 2020 com impacto maior do que o da pandemia para o Oriente Médio foi o estabelecimento de relações entre Israel e os Emirados Árabes Unidos e também Bahrain. Não eram acordos de paz, já que esses países jamais travaram guerras, não disputam território e possuíam relações amistosas havia anos. Mas significa a formalização de uma aliança israelense com nações do Golfo que começou a ser costurada há anos. Afinal, países do Golfo se sentem ameaçados pelos iranianos e veem em Israel um importante aliado para conter o regime de Teerã. O isolamento israelense sem dúvida diminuiu, mas não está claro se o efeito para o processo de paz com os palestinos será positivo. Afinal, Gaza não é Dubai. A pandemia, portanto, pouco alterou o cenário no Oriente Médio. Surgiram novas movimentações geopolíticas que ocorreriam em algum momento mesmo sem a Covid-19. A região, diferentemente da América Latina, escapou com poucas feridas da pandemia.

Um pária pandêmico

Desde a eleição de Jair Bolsonaro, o Brasil passou a ser visto como um pária na área ambiental pelas declarações negacionistas do presidente e de seu ministro do Meio Ambiente sobre as mudanças climáticas e pelas queimadas na Amazônia. Essa postura levou a um desgaste enorme do líder brasileiro ao ponto de o Museu de História Natural impedir uma homenagem a ele em suas instalações, que seria organizada pela Câmara do Comércio Brasil-Estados Unidos.

Posições de Bolsonaro sobre a comunidade LGBTQ, indígenas e negros também tornaram a sua figura repudiada em nações europeias. Agressões verbais a líderes europeus como Macron tampouco foram bem recebidas, apesar de ter havido a assinatura do acordo entre o Mercosul e a União Europeia — que talvez não seja referendado por parlamentos nacionais europeus justamente devido ao comportamento do presidente brasileiro.

Na pandemia, essa imagem ruim se desgastou ainda mais com posicionamentos anticiência de Bolsonaro. Ian Bremmer, fundador e presidente da Eurasia, principal consultoria de risco político dos Estados Unidos, afirmou que o presidente brasileiro seria o pior governante de todo o mundo democrático no combate à Covid-19. O Brasil, infelizmente, se tornou sinônimo de fiasco no enfrentamento ao coronavírus, com pessoas oriundas do país sendo obrigadas a fazer duas semanas de quarentena antes de terem permissão de ingresso em uma série de nações, incluindo os Estados Unidos.

Bolsonaro tem como trunfo sua suposta boa relação com Donald Trump. De fato, o presidente americano parece simpatizar com o brasileiro. Mas o vê mais como um fã do que como um aliado geopolítico. Para complicar, há eleições em novembro. Caso Joe Biden saia vitorioso, o presidente do Brasil corre o risco de ser isolado, já que sua imagem é terrível dentro do Partido Democrata, onde muitos o descrevem como de extrema direita ou até mesmo como fascista.

Por outro lado, o Brasil segue como uma das maiores economias do mundo. Não pode ser ignorado. Ainda que seja visto como um pária ambiental e pandêmico, o país continuará atraindo atenções e será um dos focos das disputas entre Estados Unidos e China no período pós-pandemia.

Nova York

Discordo com veemência de quem avalia que Nova York e outras grandes cidades entrarão em decadência devido à pandemia e ao uso crescente de trabalho remoto a partir de casa, em vez de escritórios. Não tenho dúvida de que, até dispusermos de uma vacina, haverá uma queda na qualidade de vida urbana, com famílias mais ricas indo para os subúrbios ou cidades menores, algumas delas de forma definitiva.

Para uma parcela considerável de profissionais, o trabalho em home office será uma alternativa definitiva. Uma série de empresas de tecnologia e bancos já indicam que muitos de seus funcionários poderão seguir trabalhando remotamente. Isso não significa que, a longo prazo, essas pessoas queiram morar fora de metrópoles como São Francisco, Paris, Londres, Tóquio e mesmo São Paulo e Rio de Janeiro.

Primeiro, usando como exemplo grandes cidades do Ocidente, esse fenômeno não ocorreu em outras crises no passado. A pandemia teve um impacto gigantesco em Nova York. Em número de mortes, é a maior crise da história da cidade em um século. Mas vale comparar com o Onze de Setembro. Quando as torres do World Trade Center foram derrubadas pelos terroristas da Al-Qaeda, 3 mil pessoas morreram imediatamente e outras milhares ficaram feridas.

A cicatriz física na cidade foi maior e mais visível do que agora. Por meses, bairros importantes ficaram fechados para circulação. Por anos, o buraco funéreo do Ground Zero dominava o distrito financeiro da cidade. Bancos removeram suas sedes para outras partes de Manhattan ou mesmo para outras cidades dos Estados Unidos. Fundos de investimento foram para o subúrbio.

Turistas e moradores temiam o tempo todo serem alvo de um atentado, assim como agora há o temor de infecção pelo novo coronavírus. Pegavam o metrô com medo de serem explodidos quando passassem pela estação de Times Square. Evitavam aglomerações na Grand Central. Embarcavam em aviões imaginando a possibilidade de um dos passageiros ser da Al-Qaeda. Sem falar no risco do antraz e atentados químicos e biológicos.

Passados quase vinte anos, vimos que não houve nenhum atentado em larga escala em Nova York, e a cidade se reinventou. A área ao redor do Ground Zero se tornou uma das mais caras de Manhattan menos de meia década após os atentados. Pessoas do mundo todo, incluindo este autor, voltaram a vir morar na cidade. Megaempreendimentos imobiliários como o Hudson Yards foram erguidos.

O mesmo tende a ocorrer agora. Trabalhar de casa, inclusive, será mais um incentivo para viver em Nova York. Afinal, ao fim de um longo dia de trabalho, quando tivermos a vacina, é melhor ter a opção de passear no Central Park, ir a um Balé no Lincoln Center ou a uma peça na Broadway do que ir fazer compras num Cotsco em algum subúrbio sem graça. O mesmo se aplica ao Rio, que sempre terá Copacabana ou Ipanema, além de seus bares e de sua sociedade vibrante. Problemas com a violência o Rio já tinha. Não é a pandemia que aumentou ou diminuiu. Além disso, talvez muitos voltem a trabalhar nos escritórios. Esse fenômeno já começou a se intensificar ao longo do mês de setembro. As previsões de trabalho remoto talvez acabem não se concretizando na dimensão imaginada no início da pandemia. Alguns CEOs de bancos afirmam que a produtividade diminuiu.

Para completar, ao mesmo tempo que executivos possam migrar para o subúrbio, músicos, artistas e outros profissionais terão mais condições de pagar aluguéis em grandes cidades. São eles, em grande parte, que tornam metrópoles como São Paulo e Nova York espaços urbanos tão vibrantes. Convenhamos que a região do Battery Park, onde vivem muitos profissionais da área financeira, contribuiu muito menos para a cultura americana do que o East Village e o Harlem. Talvez possa haver uma "desgentrificação" de alguns bairros da cidade que perderam muito de suas personalidades nas últimas três décadas.

Claro que Nova York ainda está longe de ser o que era antes da pandemia. A Broadway deve ficar fechada por mais um ano. São milhares de artistas que perderam seus empregos não apenas nos musicais e peças de teatro, como também em toda a economia ao redor de restaurantes, lojas e hotéis. O Lincoln Center já anunciou que só reabrirá para a Filarmônica, o Ballet e a Ópera na temporada de outono de 2021. O US Open de tênis, conhecido pela multidão que recebe no Queens, foi realizado sem torcedores. A cidade perdeu muito da sua renda com a queda na arrecadação de impostos. O metrô precisará de bilhões em ajuda federal para se sustentar. Há cortes em uma série de áreas da administração municipal e até o risco de uma quebradeira similar à dos anos 1970, quando inclusive policiais e professores precisaram ser demitidos.

Mas, aos poucos, há sinais de vida. Os restaurantes ao ar livre transformaram a cidade. Ocupam as calçadas e as ruas com as suas mesas lotadas. Neste sentido, a imagem é de uma metrópole mais alegre, apesar de na realidade sabermos das dificuldades desses restaurantes para pagar as suas contas e de centenas de outros que nem sequer conseguiram reabrir suas portas.

Alguns dos restaurantes que eu frequentava fecharam. Um deles, o Cassis, é onde tive o meu último jantar com a Ana Maria antes do confinamento. Era um bistrô francês, com um garçom brasileiro amigo nosso. Também fechou o israelense Nanoosh, onde eu costumava almoçar após nadar. A loja onde comprava comida para o meu cachorro também fechou, assim como outra onde eu comprava óculos de natação. Aliás, uma caminhada pela Columbus Avenue no Upper West Side ou por algumas ruas do Soho assusta pela quantidade de imóveis comerciais para alugar.

Os museus reabriram, mas com hora marcada. Visitei com os meus filhos o Museu de História Natural. Para quem vive em Nova York, é até melhor do que antes da pandemia. Com restrição ao número de visitantes, ficamos praticamente sozinhos na sala onde está exposto o esqueleto do Tiranossauro Rex, xodó das crianças.

Ainda não tive coragem de andar de metrô. Mas voltei a usar o ônibus para levar todos os dias a minha filha para a escola. A rotina mudou um pouco. Antes, eu a deixava dentro da classe. Agora, as professoras esperam os alunos do lado de fora, checam a febre e um formulário sobre o estado de saúde da criança. Minha filha, a Julia, está no Pre-K. Neste caso, estuda em uma escola privada, mas quem paga a anuidade é a prefeitura de Nova York. O número de estudantes reduziu acentuadamente. Mesmo eu e a minha mulher optamos por não matricularmos nosso filho mais novo, o Antonio, diante do risco de um novo crescimento no número de casos e, consequentemente, do fechamento da escola.

Insisto, porém, que, na minha visão, Nova York está em uma crise transitória, como também esteve após o Onze de Setembro. Acredito que a cidade tem tudo para reerguer e ser ainda melhor do que era antes da pandemia. Não pretendo ir embora daqui. Quero ver a revitalização e tenho certeza de que, em alguns anos, farei reportagens sobre o renascimento da cidade e pessoas do mundo todo voltarão a visitar esta que muitas vezes é chamada de capital do mundo.

Cidades com muito mais dificuldades e enfrentando tragédias incomparavelmente maiores, como Beirute e Sarajevo, conseguiram se reconstruir. O mesmo vale para uma série de metrópoles europeias e japonesas, como Londres e Hiroshima, após a Segunda Guerra. E Nova York não precisará reconstruir nada. Bastará renascer. Inevitavelmente, haverá vacina em algum momento. Esta fase transitória passará, ainda que demore anos.

O mergulho

Dia 27 de maio é o meu aniversário. Fazia dois meses e meio que eu não nadava. Pode não parecer muito para a maioria das pessoas. Mas para mim era uma eternidade. Eu me sinto melhor quando nado. Gosto da sensação de entrar na água, da mudança de temperatura, das braçadas para se mover, da capacidade de se desligar do mundo externo e dos pensamentos que se coordenam sem serem interrompidos por uma mensagem no celular. Costumo organizar meus textos quando estou na água. Nadar, para mim, é viver. É sentir o meu corpo e a minha mente. Algumas pessoas têm a mesma sensação correndo, pedalando, dançando, fazendo yoga, remando, velejando ou cantando. E muitos de nós, nesta pandemia, para nos proteger e proteger aos outros, tivemos de eliminar algumas dessas atividades das nossas vidas. Para os corredores e ciclistas, foi menos grave. Podiam seguir praticando seus esportes, ainda que com máscara. Mas natação, para quem vive em Nova York, não.

Ao viajar para algum país, pesquiso piscinas para poder nadar durante a viagem. Tento não ficar nem um dia fora da água. Em alguns lugares, como Berlim, as piscinas podem ser consideradas monumentos. Nadei na piscina das Olimpíadas de 1936, com o estádio olímpico ao fundo. Também nadei em uma série de piscinas públicas vintage na região de Mitte, na parte oriental da capital alemã. Certa vez, realizei meu sonho de ficar dois dias hospedado na Piscine Molitor em Paris, complexo hoteleiro e piscina com um século de história, sendo um dos primeiros lugares onde mulheres usaram biquíni. Eu chegava a nadar até quatro horas diariamente. Em Beirute, anos atrás, decidi nadar todos os dias pela costa da cidade, no Mar Mediterrâneo. Mergulhava na região do Rauche e nadava alguns quilômetros até a Universidade Americana de Beirute. No ano passado, no Rio, acordava de madrugada para nadar em uma Copacabana vazia. Istambul, Jerusalém, Londres — nadei em piscinas de todas essas cidades. Mesmo em Damasco, já descobri lugares fantásticos para nadar. No Cairo é até mais fácil, por ser uma cidade com cultura de clubes similar à paulista, como o Gezira e o Sporting. Sonho um dia em nadar em piscinas como a Bondi Beach Icebergs, em Sydney, na Austrália, e a do Cercle de Nageurs de Marseille, além da do caríssimo Hotel Çiragan de Istambul. Ao chegar a São Paulo, deixo as malas em casa e vou direto para a piscina social do clube Paulistano, com seus cinco metros de profundidade e desenhada pelo arquiteto modernista Gregori Warchavchik.

Quem se muda para Nova York talvez imagine ser difícil nadar na cidade. Demora algum tempo para descobrir onde ficam as melhores piscinas. Tenho uma lista completa. Há as públicas, que só abrem no verão. Uma delas se localiza no meio do Central Park e, no inverno, vira uma pista de patinação no gelo. Em Astoria, no Queens, há uma de cem metros de extensão, que equivale ao dobro de uma piscina olímpica. Das privadas, a melhor seria a de Asphalt Green. Olímpica e coberta, lembra a do clube Pinheiros em São Paulo. Mas fica distante da minha casa. Eu nadava no Jewish Community Center, conhecido como JCC, no Upper West Side. É uma espécie de YMCA. Além desta, nadava também na piscina do prédio onde meus pais possuem um apartamento. Aliás, muitos prédios de Manhattan têm piscina. Todos os dias da semana, sempre, eu encontrava um tempo para poder nadar. Alguns poderiam dizer que se trata de fanatismo. Mas natação é uma religião. E a piscina seria o nosso templo. Aqueles poucos segundos entre colocar os óculos de natação, molhar o punho e mergulhar na água são como entrar em uma nave espacial a viajar para outro planeta.

Devido à Covid-19, todas as piscinas da cidade foram fechadas. Decisão acertada, obviamente. Meu último mergulho fora no dia 13 de março. Cheguei a me despedir do salva-vidas porque tinha consciência de que aquela seria a minha última nadada por um longo período. Nas primeiras semanas de confinamento, fiquei resignado. Sabia que este seria o menor dos problemas em uma pandemia. Estava com medo de ser infectado e de acabar em um hospital sem receber visitas da minha família. Mas, com o passar das semanas, comecei a sentir uma necessidade cada vez maior de nadar. Os exercícios em casa, como flexões de braço, até ajudavam a manter a forma. O problema é que jamais conseguiriam substituir um treino de natação.

Cheguei a ficar dentro de uma banheira com água gelada para tentar superar a vontade. Lia livros de nadadores como a Lynne Cox, uma das lendas da natação em longa distância — atravessou o Estreito de Bering, o Estreito de Magalhães, o Estreito de Cook, o Canal da Mancha e deu a volta no Cabo da Boa Esperança, além de ter nadado na Antártida. Assistia a documentários de nadadores. Fazia planos de quais travessias poderia fazer no futuro. Algo mais modesto do que esses supernadadores. Talvez da Sicília para a Calábria, os estreitos de Bósforo e de Dardanelos na Turquia ou quem sabe até mesmo o estreito de Bonifácio entre a Córsega e a Sardenha ou o estreito de Gibraltar da Espanha para o Marrocos. Ficaria feliz até com o Montão de Trigo a Juquehy no litoral norte paulista ou das Ilhas até a barra do Sahy de borboleta. Há ainda as viagens para nadar. Quem sabe ir para Cinque Terre e nadar 4 mil metros por dia em diferentes percursos no mar.

Não havia, no entanto, como nadar. Não tinha piscina e, mesmo se tivesse, eu não arriscaria nadar diante do risco de ser infectado pelo novo coronavírus. Além disso, naquele momento, a minha única forma de locomoção eram as pernas. Entrar em metrô, trem e avião era algo impensável. A Julia, minha filha mais velha, de quatro anos, também me perguntava quando o JCC reabriria para ela voltar a nadar. A religião dela, como a minha e da minha mãe Isabel, também é a natação. Eu precisava explicar que, enquanto houvesse o "vírus", o JCC ficaria fechado. Tínhamos um "ritual" duas vezes por semana. Acordávamos supercedo e eu a levava para treinar natação. Era uma alegria ver minha filha na piscina, aprendendo a flutuar, a dar braçadas. Depois, íamos de ônibus para a escola dela. Nada disso existira mais por um bom tempo. A vontade dela até diminuiu um pouco quando compramos uma piscina inflável para armar no nosso quintal — moramos no andar térreo de uma casa em Nova York.

A Ana Maria sugeriu que comprássemos um carro usado para este período de pandemia. Nos Estados Unidos, é algo extremamente simples e muito mais barato do que no Brasil. Você consegue fazer tudo pela internet e entregam o carro em casa, com toda a documentação pronta em poucos dias. Já era a primeira quinzena de maio quando tomamos essa decisão.

Com o carro, podíamos pela primeira vez sair por Manhattan e Brooklyn para ver como estava a cidade. O confinamento havia acabado. Sabíamos que o vírus começava a ficar controlado e era preciso manter o distanciamento social e usar máscaras. Nos meses do verão americano, com a redução na circulação do vírus no estado de Nova York, começamos a viajar para a praia. O isolamento diminuiu.

Para celebrar meu aniversário, a Ana Maria fez um jantar em casa apenas para a nossa família. Mas, de presente, me levou para nadar naquele 27 de maio. Não era uma tarefa fácil sem piscina. Precisava ser no mar. Embora Nova York tenha praias, como Coney Island e Far Rockway, elas não são boas para natação por ficarem em mar aberto. A melhor região próxima da cidade para nadar fica no chamado Long Island Sound. É uma baía localizada entre Long Island, uma ilha que começa no Brooklyn e o Queens e segue por duzentos quilômetros até Montauk, e o continente nos Estados de Nova York e Connecticut.

Uma das minhas melhores amigas, a Paula, morava no subúrbio de Old Greenwich, a cerca de uma hora de carro de

Nova York. O marido dela, um austríaco chamado Markus, tinha uma roupa de neoprene para nadar no mar que ele nunca havia usado e me deu de presente, incluindo uma touca e botas para os pés e luvas. A temperatura da água era de cerca de 8°C. Para se ter uma ideia, uma piscina olímpica de clube costuma ter 25°C e uma cachoeira, uns 18°C. Até é possível nadar apenas de sunga com temperaturas abaixo de 10°C, como eu mesmo cheguei a fazer em Coney Island com o grupo dos Polar Bears. Mas agora queria aproveitar e não correr o risco de ter uma hipotermia no meio de uma pandemia.

Old Greenwich tem uma praia chamada Tod's Point, mas estava fechada. Apenas dava para entrar no mar por acessos dentro das casas que dão para o Long Island Sound. Uma amiga da Paula autorizou a gente a parar o carro na casa dela e entrar no mar por uma passagem ao lado. Vesti a roupa de neoprene, andei sobre umas pedras, mergulhei no mar e comecei a nadar. Comecei a pensar em tudo o que toda a humanidade passava naquele momento. Em tudo que Nova York passou e conseguia superar. Em todos os momentos com minha mulher e meus filhos. A saudade dos meus pais. Em como o mundo havia se transformado. Mas me deu uma gana de viver. Aquele mergulho não significou o fim da pandemia para mim. Mas significou o fim do confinamento. Foi o final daqueles mais de dois meses dentro de casa.

Como muitos ao redor do mundo, fiquei mais próximo dos meus filhos. Esses momentos estarão para sempre na minha memória. Antes da pandemia, eu só via a Julia e o meu caçula, Antonio, de manhã antes da escola. Quando eles retornavam, eu já havia ido para a Globo, de onde voltava apenas quando eles dois já tinham dormido. Conheci bem melhor os dois nestes tempos de pandemia. Ao acordar de manhã, ficávamos vendo filmes e até dançando em alguns deles, como *Zootopia*. Fazíamos pão de queijo e ficávamos montando quebra-cabeças dos mapas de Portugal e do Líbano ou de atrações turísticas em Paris e Londres. Dava banho neles e os colocava para dormir se eu não estivesse no ar naquele momento. Inclusive, estabelecemos um ritual para dar boa-noite.

Uma das maiores dificuldades nestes tempos de Covid-19 tem sido ficar longe dos pais. Antes da pandemia, por mais que houvesse a distância entre Nova York e São Paulo, sabíamos que havia quatro voos diários ligando as duas cidades. Que viajar era algo simples. Com o vírus, havia se tornado quase impossível. Primeiro, porque nossos pais não podiam entrar nos Estados Unidos por causa da restrição imposta pelo governo Donald Trump a viajantes oriundos do Brasil. Nós até podíamos ir e voltar por sermos residentes permanentes. Mas não havia sentido, ainda mais com a questão da quarentena e o risco de sermos infectados ou de infectarmos outras pessoas.

É triste ver os netos crescendo distante dos avós. Mas sabemos que não seria muito diferente se estivéssemos no Brasil. Afinal, crianças podem ser portadoras assintomáticas do vírus e o risco para os avós, em uma idade de risco, é enorme. Tem sido um período insubstituível. Não sei como será para a Julia e o Antonio. Aqueles meses iniciais tiveram a vantagem de os deixarem mais próximos dos pais, mas sem escola e sem amigos para brincar. Algo similar a milhões de crianças em todo o mundo. Claro, com uma vantagem enorme em relação a muitas delas que, com a pandemia, perderam entes queridos ou enfrentaram dificuldades para se alimentar.

Para mim, se o mergulho significou o fim do confinamento e a vacina significará possivelmente o fim da pandemia, o reencontro com os meus pais e a possibilidade de eles abraçarem meus filhos será o retorno da normalidade. O normal, claro, seguirá com as disputas entre China e Estados Unidos, as crises na União Europeia, as tragédias em Beirute e o negacionismo de alguns líderes internacionais. Mas teremos superado este momento da nossa história. Em uns dez anos, quem sabe, eu e a Ana Maria possamos até contar para a Julia e o Antonio sobre nossas semanas todos em casa, torcendo para as mortes diminuírem enquanto assistíamos ao Cuomo na TV.

Sobre o autor

Nascido em 1976, o paulistano Guga Chacra é hoje um dos mais destacados jornalistas e colunistas do país. Correspondente em Nova York, é especializado em coberturas internacionais, em especial do Oriente Médio. É colunista do jornal *O Globo* e comentarista no canal Globo News.

© Guga Chacra, 2020

Todos os direitos desta edição reservados à Todavia.

Grafia atualizada segundo o Acordo Ortográfico da Língua Portuguesa de 1990, que entrou em vigor no Brasil em 2009.

capa
Todavia
composição
Manu Vasconcelos
revisão
Huendel Viana

2ª reimpressão, 2021

Dados Internacionais de Catalogação na Publicação (CIP)
— —
Chacra, Guga (1976-)
Confinado no front: Notas sobre a nova geopolítica mundial: Guga Chacra
São Paulo: Todavia, 1ª ed., 2020
72 páginas

ISBN 978-65-5692-029-0

1. Literatura brasileira 2. Ensaio 3. Covid-19 4. Situação política
5. Coleção 2020 I. Título

CDD B869.4
— —
Índice para catálogo sistemático:
1. Literatura brasileira: Ensaio B869.4

todavia
Rua Luís Anhaia, 44
05433.020 São Paulo SP
T. 55 11 3094 0500
www.todavialivros.com.br

fonte
Register*
papel
Pólen soft 80 g/m²
impressão
Meta Brasil